通学の時間なのだろうか。向こうの
道を小学生の一団が連れ立って集団
登校。すれ違ったバスの先にも後か
らの集団がやってくる。いすゞのバ
スに目が向く者、連結されている客
車の二輌目、張上げ屋根のオロ格下
げのオハ35に注目する者… 写真
というのがすごいもの、そこに写し
込まれているひとつひとつに興味が
いく。そんななか、やはりD60の
牽く列車というのはかなり貴重なも
のだった、といまさらに思ったりす
る。まさしく佳き時代のローカル線。

007

栃木県、東武鉄道の終点、葛生から延びる専用
線の終点、日鉄鉱業羽鶴鉱山には明治生まれ
の貴重な古典機関車がいた。時おり検査などで
火が入れられるのを聞きつけては馳せ参じた
ものだ。よく手入れされたその1080機関車
は、時代を忘れさせるシーンを見せてくれた。
専用線の廃止後いまは京都鉄道博物館にある。

010

磐越東線の D60
貨客列車に大活躍

夜明けを往く D60

■ 磐越東線　一番列車で踏破

　初めて東北ひと巡りする撮影行に出掛けた時のこと、である。限られた日程でできるだけ多くのところを見て回りたい。その手段として一筆書きのルート、その最初を上野発の夜行列車にして、平にいくのにわざわざ磐越東線経由で行くことにした。夜明けの蒸気機関車の牽く列車を経験しよう、というわけである。

　5時15分発、722列車は漆黒の闇の中、郡山駅をあとにした。牽引機はD6077。闇夜に流れる白い煙と、ときどき聞こえるドラフト音が、蒸気機関車の旅というものを感じさせてくれる。地元に人にはいつもの列車なのだろうが、われわれには新鮮でひとつひとつに興奮が抑えきれない、という時間の連続であった。

　やがて周囲が明るくなってくる。蒸気機関車、とりわけ古典的な貨物用D60型が牽く旅客列車、などという「特別」な列車に乗っている。ようよう白んでくる明け空の中、白い蒸気だけでなくやがて機影が確認できるようになってくる。

　ようやくその全貌が浮かんできたのは小野新町駅辺りか。ちょうど当駅始発の711レがD6075を先頭に、ホームの反対側に停車している。D6077から受け取ったタブレットを渡されると、ひと足先に郡山に向けて走りだしていく。時計を見ると6時30分、われわれの乗った722レはしばらく停車して、6時37分発、であった。少し明るくなって、外の景色も前方のD60の走り振りも楽しめるようになる。

　もう窓に釘付け、石炭の香ばしい匂いも楽しみながら、平までの残り1時間ほどの列車旅を堪能した。

　このときの強烈な印象からか、本当は平が起点なのだが、ともすると郡山から平に向かって走るのが普通のように思えてしまうのだった。

013

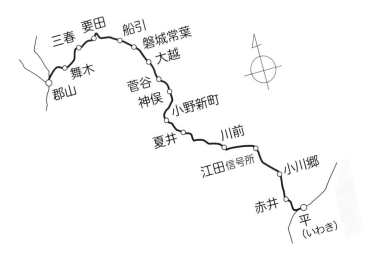

　磐越東線は 1917（大正 6）年に全通している。磐越西線と通して本州を横断しようというもので、まずは郡山から三春まで 11.9km が 1914（大正 3）年 7 月に開通した。当時は平郡線と呼ばれており、平側からも建設がはじめられ、1915（大正 4）年、平〜小川郷間、10.3km が開通。それぞれ平郡西線、東線と名付けられていた。

　途中、阿武隈山地を横切り、郡山を出てすぐに阿武隈川を渡り、平寄りでは夏井川と絡む、変化に富んだ車窓の楽しめる路線。逆にいうとときに難所があったりする細径でもあるわけだ。

　1917（大正 6）年 10 月 10 日に、一番の難所というべき残された小川郷〜小野新町間が完成し、福島県を半分横断する 85.6km が全通したのだった。と同時に、磐越西線と併せて線路名が磐越東線とされ、平が起点となった。

　1950 年代後半から 60 年代に掛けて D60 型が配属され、輸送力が増強が図られる。もともとは重量貨物用蒸気機関車である D50 型を、近代化するとともに軸重軽減することでローカル線でも使用可能に改造した D60 型の誕生は、まさに磐越東線には打ってつけ、というようなものであった。

　1968 年 10 月に引退するまで、D60 型の天国のようにいわれ、東京から近かったこともあって、人気の路線となったのであった。

阿武隈川橋りょう
■ 磐越東線　郡山〜舞木間

　磐越東線を郡山側から入ると、まず最初のポイントとなるのが阿武隈川橋りょうだ。

　阿武隈川は白河市郊外から北上して、岩沼市近くで太平洋に注ぐ延長240km近い一級河川である。東西に走る磐越東線は必然的に渡河せねばならないわけで、郡山を出て間もなく、それは果たされることになる。

　東北本線と分かれ、右へ右へとカーヴしながら築堤を走ると、すぐに鉄橋にかかる。最初の乗車時にはまだ真っ暗闇の中で、鉄橋を渡る轟音だけが想像するより遥かに長くつづいたのを憶えている。ぜひ外から眺めてみたいものだ、とそのときから思いつづけていた。

　この日、となりの舞木駅から歩いて阿武隈川橋りょうを目指した。まずは郡山からの列車からもういちど鉄橋を渡って、ようすを見ておきたいと思ったのだ。舞木駅で貨物列車の写真を撮ってから、いよいよ橋りょうを目指して歩き出した。

　早くあの情景に到達したい、沿って走る道路から線路やその背景などを観察しつつ歩いていくのだが、気持ちを反影してか自然と早や足になっているのに気付いて我ながらおかしくなったりした。

016

橋りょうというのは鉄道線路に於けるひとつのハイライトである。近年はコンクリートの橋台に道床付で、高架線路だか区別がつかなくなっていたりするが、やはり蒸気機関車には鉄橋が似合う。

　ガーダー橋はいうまでもなく、いかにも橋りょうらしいトラス橋などは、それだけで「絵になる」イメージ通りの情景を提供してくれるというものだ。

　それにしても鉄橋というのは100t近い蒸気機関車を支える重建造物だ。そのむかし、鉄橋が架けられないために、川の手前が終点になった鉄道がいくつもあった。大正初期に架けられた阿武隈川橋りょうなど、トラス部分はのちに架け替えらたものとはいえ、蒸気機関車よりも長い寿命で、歴史的古典橋りょうとして数えられるほどになっている。

　1914（大正3）年竣工、45.7m長の2連トラスを挟んで、18.7m7連＋12.2m10連のガーダー橋がつづく全長371mの橋りょう（寸法はまちまちなので建設省の数字）。下流側に道路橋もあったので、列車の時間に合わせて移動しながら撮影した。

　うーん、もうちょっと機関車を引付けて撮りたかった… 少しでも煙吐いてくれないかなあ… 納得がいかなかったのか、なん本も列車を待った。それでも、旅客列車を真横から撮っておきたかった、近くから見上げるようなカットも欲しかった、いま見直してみて、さらなる欲も出てくる。

　まあ、当時のウデと機材ではこんなものだったか、そんなことを思いながら、懐かしさとともにD60を眺めているのだが。

■ 磐越東線　舞木駅発車

　ホームの部分だけはなんとか直線線路を敷いたけれど、その先、ポイントに掛かる部分はカーヴでやっと形づくることができた…　まるで模型レイアウトのようだ、と思わされたのはその線路のようすからだろうか。駅をちょっと俯瞰できる小高い丘の斜面で、構内を見下ろしていた。

　郡山の隣り駅だというのに、すっかりローカル色に染まってる舞木駅。舞木と書いて「もうぎ」と読む。左側の上り線ホームには貨物列車を従えて待機するた D6056 が、さっきからときどきコンプレッサーからの吐息を吹き上げている。

　時刻がきたのだろう、駅員さんがホームに現われ、合図を送ると少し遅れて汽笛一声、さらに遅れてもう一声。それまで白かった煙がやおら黒く変わり、それとともに力が籠められてくるのが解る。左右のエンジンからは交互に白いドレイン…

　走りはじめた列車がゆっくりと速度を速めながら近づいてくる。ホームの外れて左にカーヴを切って、左右の線路がひとつにまとまる。トラが 1 輛の後はタンカーの列。と、後方にもう一条の煙。なんと後補機がつけられていたのだ。それも後向きで。普通の重連、正向＋逆向の重連もあったのだから、驚くことではないのかもしれないが、まず、この後補機が磐越東線を強く印象づけてくれたのは間違いのないところだ。

023

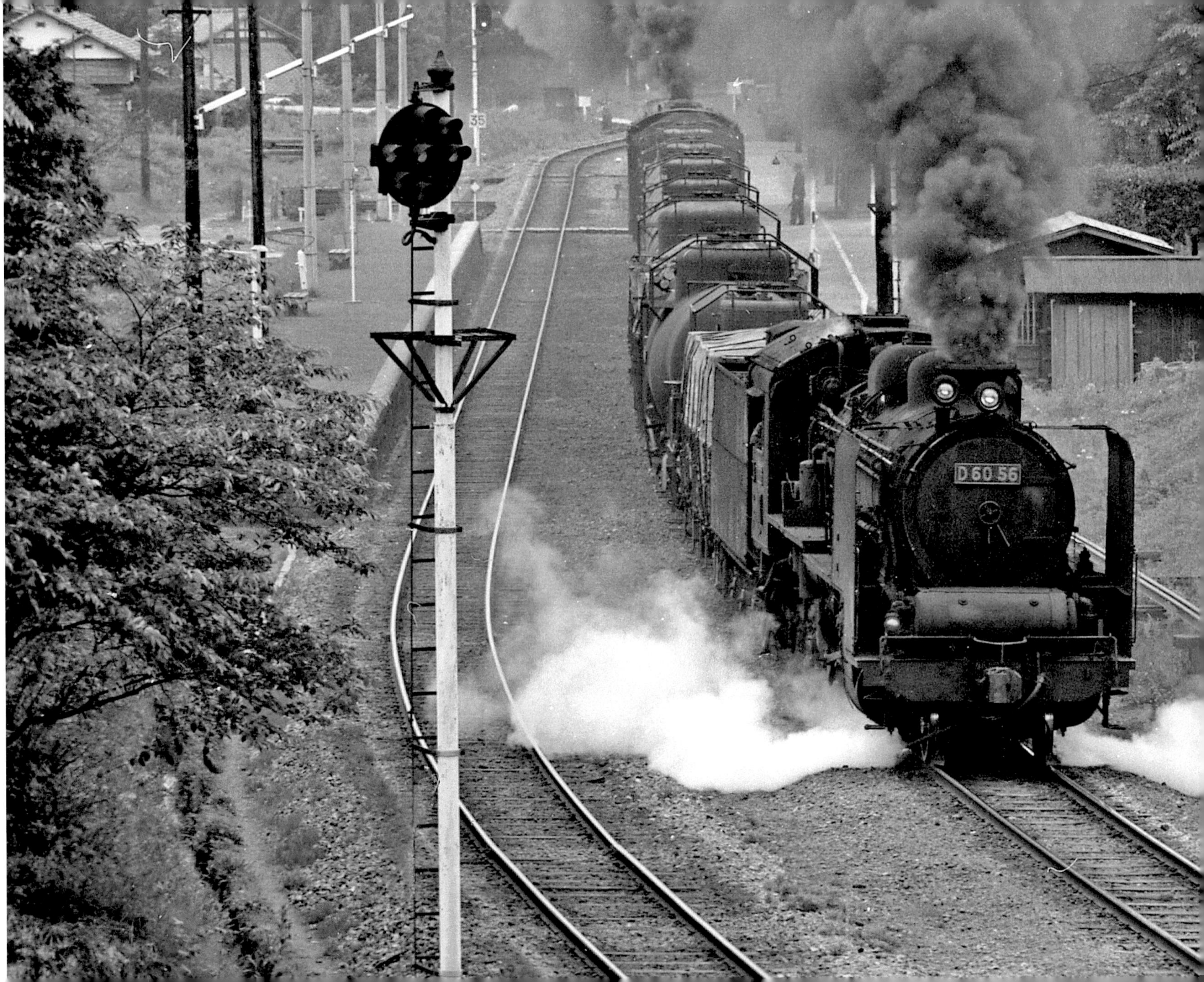
D 60 56
35

　後補機の役目は発車の時だけ、というかのように列車が動き出し、後補機の逆向き D6012 が目の前を通過する頃には、ほとんど力を込めてはいなかったようにみえた。

　モノクロ・フィルムを詰めたズームレンズ付 35mm カメラ、それとは別に三脚で固定した 6×9 判のマミヤ・プレスを準備していた。マミヤ・プレスにはネガカラー・フィルムが入っている。まだまだズーム・レンズなどごく種類は少なく、財布の都合もあって社外品のズーム。天気など条件がよければシャープな画像を結んだが、ピントはじめ使用に耐えない写真も多かった。それでも撮りつづけるしかない、そんな時代であった。

たとえば三春に代表されるように、磐越東線沿線にはいくつもの旧くから栄えていた町が点在する。戦国時代、田村氏によって支配され、三春城を中心に磐城国三春藩があった。

　最初にこの地域、福島県を横断する鉄道が計画されたとき、郡山〜三春間で最初の区間が郡平西線として開通したことでもそれを伺い知ることができる。大正のはじめの頃のことである。

　その時期、まだ鉄道というものの価値が一般に浸透しておらず、反対するものも少なくなかったことと、すでに明治年間に開業していた郡山〜三春間の三春馬車鉄道の存在もあったことから、磐越東線の線路は旧くからの町を外れて通過している、というのもよくある話だ。

026

　郡山と平（のちの いわき）の両方から線路敷設がはじまり、それぞれ平郡西線、平郡東線と呼ばれていたものが1917（大正6）年10月に一本に繋がって磐越東線になったのは、前述した通りだ。

　小川郷、小野新町、船引などそれらの点のような町を線で結ぶようにして、磐越東線は敷かれているのだった。郡山を出て、阿武隈川を渡ると、しばらくは田園風景が広がる。

磐城街道を行く
■ 磐越東線　舞木駅発車

　遠足だろうか、それとも社会見学なのだろうか。踏切の周辺に小学生が集まっていた。警報機は鳴るものの、なかなか列車がやってこない。マツダ・キャロルが列に割って入った。反対側にも白い乗用車。そうこうするうちにかすれたような汽笛。ゆっくりとD6068が姿を現わした。

　なにを運んでいるのだろう、カヴァを掛けられたトラの列がつづく。音もなく、石炭の香ばしい薫りを残して通り過ぎて行ってしまった。

　そういえば、朝、前の列車（カラー007ページ、写真右上）を撮った時には、田んぼの向こうの道を登校途中の小学生がいた。子供たちが多いのはとても嬉しいものだ。彼らにとっては当り前の蒸気機関車のある情景。どこかむかしから憧れていて、しかし滅多と遭遇することのできなかった佳き時代の普通の情景がここには広がっているような気になったものだ。

　その機関車が古典的な風貌のD60型であることも、印象を深くしてくれているように思う。

　しだいに山が近くなってくる。線路は次第に阿武隈山系に分け入って行く。磐越東線の見せどころも近づいてくるのだ。

夏井渓谷に絡む
■ 小野新町、川前、江田…

　磐越東線のハイライトとして人気の撮影ポイントだったのが夏井渓谷の周辺である。

　小野新町駅を過ぎると急に山が線路近くにまで迫ってくるようになり、トンネルとともに線路は曲線と勾配とがつづくようになってくる。それに加えて線路に沿ってきたのが夏井川。川前、江田…と、文字通り夏井渓谷と絡んでの情景が車窓を楽しませてくれる。

　線路端から周囲を見渡して撮影ポイントを捜す。逆にあそこから線路を見たらどういう風になるのだろうか、を想像しながらあれこれ考える。こんどはその場所にいくのだが、それがなかなか大変だったりする。とくに山と渓谷に挟まれた付近など、ダイナミックな情景が広がっている分、行ってみたい場所に辿り着くにはひと筋縄ではいかない。行ってみたら、樹が邪魔をしていて線路が一部隠れてしまっていたりもする。

　そんないくつかを乗り越えて、D60の牽く列車を待った。重連の貨物列車を撮影し、次なる「本命」の旅客列車はちょっと高い位置から俯瞰で撮影することができた。

　夏の日のこと、D60に客車4輌は不足なのか、煙は期待するほどではなく、通り過ぎて行った。

034

035

区間列車を牽く
■ 平機関区の給水温め器付 9600

　平〜小川郷間で朝夕に運転されている区間列車があった。それは D60 型ではなく平機関区の 9600 が受け持っていた。その 9600 のなん輌かはフロントデッキに給水温め器を装備していた。

　やってきた列車、最初は D60 型だとばかり思っていた。だって、フロントに給水温め器を載せた姿は、ちょっと D60 に似た顔つきになっているではないか。配管も独特で面白い。

　給水温め器付の 9600 というと、すぐに北海道は胆振線の重装備機を思い起こす。それは煙突の後方に横置き搭載して、C51 型を彷彿とさせて人気だったが、このフロントデッキ搭載もなかなか興味深い。

　郡山工場の施工といわれ、19697 のほか 29620 が同様の装備だった。旅客列車には優先的に使用されている、とかつて平機関区で聞いたような記憶があるが、いまとなっては確証ははない。

磐東線のラストコース
■ 小川郷から平へ

　以前は住友セメントの専用線が分岐し、構内にも側線がいくつもあった小川郷駅は、磐越東線にとってラストコースの入口、というようなものだった。

　いつだったか、小川郷駅に入ってくる列車を撮ろうとホームの外れで待っていたら、それは思いがけず重連、しかも前補機はラストナンバーのD6078であった。停車時間の間に一目散でホームの反対側に走る。息を切らしながら出発シーンを撮ろうと待ち構えた。汽笛二声、機関士さんが気を利かせてくれたのか、ドレインを吐きながら、ゆっくりではあるが速度を速めていくD60重連の上り列車。

　本当はその列車で平駅に戻ろうとしていたのだけれど、一本遅らせていくだけの価値のあるシーンであった。

　平までは10kmと少し。15分ほどの道のりである。もう平坦な道、好間川の短い鉄橋を渡り、左に左にとカーヴを切ると、右側に常磐線の線路が現われ、小さなトンネルを抜けると平駅の構内へと滑り込むのだった。

　旅は終わった。D60型は1968年秋に引退した。

郡山機関区の
D60 14輌

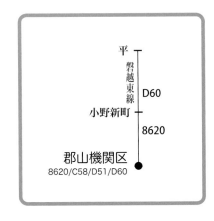

平
磐越東線
D60
小野新町
8620

郡山機関区
8620/C58/D51/D60

D60 型

大正年間に登場した軸配置 1D1 の大型貨物用機関車、D50 型を改造して誕生。従台車を二軸にして軸重軽量化を図り、よりローカルな線区に投入できるようにした。改造は国鉄工場で施工され、全部で 78 輌がつくられた。ラストナンバー機をはじめとして、磐越東線には晩年 14 輌が集結し、貨客両用で活躍していた。

　磐越東線の主力はいうまでもなく D60 型。本来は貨物用機関車だが、ここでは貨客両用、ときに重連や補機付で活躍していた。

　1965 年郡山区には D6012、19、23、38、43、47、48、58、68、75、76、77、78 の 13 輌が配置。それが 1967 年になると D6012、19、23、38、47、52、56、58、68、71、75、76、77、78 の 14 輌に変化した。D6043 が 1965 年 9 月に、D6048 が 1967 年 3 月に廃車になり、代わりに横手区と北海道の池田区から 3 輌が転入してきた。

　そんな D60 型の活躍も 1968 年秋までで、ディーゼル機関車、DD51 型の投入によって、一斉に引退してしまった。D6052 や D6071 はその後 九州に渡って、直方区に移動、もうしばらくその姿を見ることができた。

磐越東線のD60型は、重油併燃装置をつけており、1500ℓの重油タンクをテンダー上に装着する。そのほかにキャブ屋根延長、前照灯シールドビームなどが共通する特徴といえようか。キャブや煙突、デフレクターなどはそれぞれにヴァラエティに富む。D6047のみが特徴的な砂箱を持つ汽車会社製だった。

D6012

1927年3月、日立製作所製、製番229で誕生した9900型19974→D50175を1952年1月に浜松工場で改造して、D6012になったもの。津和野→直方区を経て、1963年4月郡山区に。シールドビーム二灯、パイプ煙突、デフは点検蓋付。煙室扉に「架線注意」のプレートが付く。1968年10月に廃車。

D6019

　1927年3月、日立製作所製、製番
292の9900型29943 → D50244
を1952年3月に浜松工場でD6019
に改造したもの。

　D6019になってからは浜田→紀伊
田辺を経て1959年7月郡山区に。
化粧煙突が残り、「架線注意」は前照
灯下。正面のナンバープレート位置
が高い。1968年9月に廃車になった。

D6023

1925年11月、川崎造船所製、製番1075、
9987→D5088を1952年7月に浜松工場で改
造して生まれた。直方から1963年4月郡山区に。
　煙室扉周囲の手すりが1本、前照灯はシール
ドビーム1灯または2灯、テンダーは水タンク
容量の大きな6-1.5-20型。1968年10月廃車。

D6038

1926年6月、川崎車輛製、製番1115、19925
→D50126を1953年10月に長野工場で改造し
たもの。池田区から1964年12月郡山区に。パイ
プ煙突、10-1.5-17テンダー。1964年4月廃車。

D6047

1929年4月、汽車会社製、製番1072、D50326
を1954年6月に浜松工場で改造。紀伊田辺区から
1956年2月郡山区に転入。化粧煙突、角形ドーム、
キャブ前扉にヒサシなし。1968年9月廃車になった。

D6052

1927 年 6 月、日立製、製番 245　19991 → D50192
を 1954 年 7 月に浜松工場で改造して誕生。
　横手区から 1967 年 3 月郡山区に。1968 年 9 月、
直方区に移動後、1972 年 5 月に廃車。
　変形煙突が特徴。キャブは側面は二枚窓、前には横
手時代からの旋回窓が残る。デフは点検窓にふた付。

D6056

1928 年 2 月、川崎車輛製、製番 1231 の
29664 → D50265 を 1954 年 9 月に浜松
工場で改造。北海道の池田区から 1965 年
5 月郡山区に。
　化粧煙突、デフレクターの点検窓は開閉
式の扉付、「架線注意」は正面にはなく、サ
イドのハシゴ部分に。1968 年 10 月廃車。

D6058

1925 年 12 月、川崎車輛製、製番 1084 の 9996 → D5097。それを 1952 年 7 月に浜松工場で改造。

紀伊田辺区から 1956 年 2 月郡山区に転入してきた。

前部が斜めに欠き取られたデフレクター。化粧煙突、キャブ一枚窓。

1968 年 8 月大分運転所、さらに 1970 年 10 月直方区と移り、最終的には 1972 年 2 月に廃車となる。

D6068

1926 年 11 月、川崎車輛製、製番 1127 の 19937 → D50136 を 1955 年 3 月に浜松工場で改造して誕生。

大分区から 1956 年 4 月郡山区に。

デフレクターは前方が斜めに欠き取られたタイプで取付ステイも独特の形状。1968 年 7 月に廃車された。

最徐行
七粁

D6071

1925年12月、川崎車輛製、製
番1082の9994 → D5095を
1955年10月に浜松工場で改造。
　池田区から盛岡区北上支区を経
て1967年3月郡山区に。
　前照灯はシールドビーム1灯、
前面ナンバープレートの位置が低
い。化粧煙突でデフは点検窓が扉
状になっている。キャブは側面二
枚窓、前面には旋回窓が付く。
　D6058とともに1968年9月
に大分運転所、1969年10月に直
方区と移動し、1972年9月廃車。

D6075

1925 年 11 月、川崎車輌製、製番 1078、
9990 → D5091 を 1955 年 12 月に土崎工
場で改造して誕生。
　直方区から 1963 年 4 月郡山区に。
　シールドビーム 1 灯、化粧煙突、前端梁
形状が独特。1968 年 10 月に廃車となる。

D6076

1925 年 12 月、川崎車輌製、製番 1083 の
9995 → D5096 を 1956 年 1 月に浜松工場
で改造して D6076 に。誕生時から郡山区。
　シールドビーム 1 灯、パイプ煙突、キャブ
二枚窓、前方ヒサシなし。1968 年 8 月廃車。

D6077

1927年6月、川崎車輌製、製番1205の
29918→D50219を1952年7月に浜松工場で
改造。完成後そのまま郡山区に配属。
　シールドビーム1灯、パイプ煙突、デフレクター
下方が開閉可能などが特徴。1968年10月に廃車。

D6078

1935 年 3 月、川崎車輌製、製番 1062 の 9966
→ D5067 を 1952 年 7 月に浜松工場で改造。そ
のまま郡山区に。D60 型のラストナンバー機。
　シールドビーム 2 灯、パイプ煙突、デフ前下方
開閉可能、キャブ二枚窓などの特徴を持つ。
　1968 年 9 月に廃車になる。生涯、郡山区在籍。

特集 2

日鉄鉱業 羽鶴鉱山

明治の古典機 1080

明治生まれの古典機

　「私鉄専用線の古典機関車」を追い掛けていた時期がある。われわれ、蒸気機関車晩年にぎりぎり触れることのできた世代にとって、私鉄や専用線に残っていた蒸気機関車は、まるでタイムマシーンのような存在であった。

　国鉄で廃車になった機関車の払下げを受けて、自らの線で使用する。だいじに扱われたこともあって、国鉄線路上では見ることのできなくなった古典機関車がまだ残されている例が少なからず存在していたりするのだった。

　それに気付いてからというもの、全国に残っているそうした機関車を捜しては訪ねた。明治生まれの輸入古典機関車が車庫の片隅でその姿をとどめているのに遭遇しては目を見張り、時としてディーゼル機関車の代役として火が入れられたりする、そんなニューズを聞いては全力で駆けつけたものだ。

　そんな「私鉄専用線の古典機関車」のなかでも、超の付くＡ級の存在として知られるひとつに「日鉄羽鶴の1080」があった。場所は栃木県、東武鉄道葛生の先、上白石から延びる日鉄鉱業専用線の終点、羽鶴鉱山。ときに点検を兼ねて火が入れられる、貴重な存在、であった。

「明治の機関車」の通り、誕生は 1902（明治 35）年ダブス社製、製番 4166 だ。1897 年に実施されていた型式規定に従って、D9 型 651 号機という機番が与えられた。この D9 型というのは当時の分類で動輪二軸のテンダ機関車を示し、新型が登場するたびに D1 型から順に付けていって、その 9 番目の型式、というわけだ。のちの型式でいうと 5000 型にあたる D1 型からはじまり 5500 型（D6 型）や 6200 型（D9 型）に至っていた。

6200 型に準じた英国機ということで、当初は同じ D9 型の増備機に分類されていたのだが、1909 年の改番では、メーカーごとに分けられ、ニールソン社製の 6200 型に対し、ダブス社製は 6270 型とされた。全部で 25 輛がつくられたうちの 20 番目ということで 6289 号機、とされたのだった。

明治の後半から第一線の旅客用機関車として活躍した 2B テンダ機関車群だったが、より強力な機関車が増備されるにつれてだんだん職を失い、ついには大英断がくだされることになる。それがタンク機関車への改造、というものだった。

私鉄の買収などで地方の鉄道網も充実してきたが、そこではそれぞれの私鉄で使われていた機関車がそのまま引きつづき使用されている例が多かった。機種も雑多、そのために雑形機関車などと呼ばれたりした。

それを一掃する目的で、新しくタンク機関車を投入する。そのために余剰気味だった 2B テンダ機関車の改造が計画されたのだった。

　テンダーを廃して機関車の後方に炭庫を設け、その下に一軸の従輪を付ける。サイドには水タンク、開放的なキャブは密閉式になり、機関車の印象は一変した。改造のついでにエアブレーキ・システムを導入。そのためのコンプレッサー、エア・タンクなども装着したものだから、賑々しくパイピングを施され特に英国風にエレガントだった機関車は見る影もなくなった。

　しかしまあ、機関車好きというのはアマノジャクというか、そうした無骨なスタイリングが、それはそれで味があっていい、というのだから困ったものだ。かく申す小生も改造2B1タンク機関車が決して嫌いではない。

　模型の話だが、そのむかし製品として発売された5500型を実物さながらの改造をして2B1タンク機関車（B10型）をつくったことがあった。苦労して完成させて間もなく、B10型のキットも発売された、というオチがついていたりした。

　1070型1080は1926年2月に浜松工場で改造されたものだ。一連の2B1タンク機関車の中で、1070型は一番エレガントだった気がする。サイドタンクや炭庫の大きさ、バランスなどに加え、キャブなどには英国らしさが残っていて、特に1080号機は化粧煙突や丸いドームなども美しく、見ているだけでも飽きさせない機関車だった。

　1070型1080は改造後は　美濃大田区にあって越美南線で使用された、とある。

　その後、1940年に日鉄鉱業赤谷鉱業所赤谷専用線に払下げられた。この日鉄鉱業というのは日本製鉄のために1939年に設立された会社で、鉄鉱山開発とともにその輸送のための専用線が計画された。赤谷鉱山は明治年間から開坑が計画され、羽越本線新発田から分岐していた赤谷線も鉱山絡みで敷設されたものだった。

　最終的に、赤谷線の終点、東赤谷から4.2kmの専用線が日鉄鉱業赤谷専用線として、1941年に開通している。そこで使用するために1080と同系の2B1タンク機関車、960型973号機の2輌が準備されたのであった。

　その赤谷専用線は豪雪地帯にあったことから、1955年にスノウシェッド付の坑内軌道のような電気軌道に改められ、2輌の蒸気機関車も1957年にここ葛生鉱業所に移動してきたのだった。

　葛生鉱業所は石灰石を産出する羽鶴鉱山がメインだったことから、「日鉄羽鶴」の名称が定着、われわれ機関車好きからも「羽鶴の1080」と呼び習わされているのだった。

　ディーゼル機関車が主力となったのちも、試験運転と称して走行、多くの機関車好きを誘ってくれた。じっさいに走る「明治の機関車」、それはじつに貴重な情景、目に焼き付けておきたいものだった。

羽鶴の1080は1970年代になっても時に運転が行なわれた。1972年9月1日、郡山工場で無事全検を受けたときのお披露目運転会のときに発案され、1973年7月28日の運転時に「型式入り」新プレートを贈呈するなど、羽鶴に集う機関車好きとの交流も生まれた。

1979年に最後の運転が行なわれたのち、1991年に専用線そのものが廃止された後も現地で保管。2009年7月に遠路、梅小路に運ばれ「梅小路蒸気機関車館（のち京都鉄道博物館）」に保存展示されることになった。

左の写真は2010年11月、「英国国立鉄道博物館 姉妹提携 10周年記念」として、英国生まれの1080に両国旗とお祝いのプレートが付けられた時のもの。大型の国鉄制式蒸気機関車がズラリと並ぶ中で、ちょっと趣きの異なる古典機関車ではあったが、風格というかその存在感はなかなかのもので、久々に見る1080に嬉しくなったりした。

　初めて羽鶴に1080を訪ねたのは「専用線に残る古典機」を順に訪ねていた時のことだ。あらかた撮影したものの、羽鶴の1080はなかなか行くことができないでいた。なにしろ専用線の終点にいる、というのだから交通の便などわからないことが多い。

　結局、小山機関区を訪ねた帰りに東武鉄道に乗換えて、葛生から専用線に沿って歩いて行くしか方法がない。舗装もされていない道を1時間近く掛けて歩いた。築堤のうえに1080の姿を見たときはホッとしたのを憶えている。もちろん動いてはおらず、その各部分を観察して、逆光のなかでなんとかカメラに収めて、もと来た道を戻った。

　次は桜の頃にやってきた。そのときは友人のクルマで立ち寄ったのだが、右のようにメインロッドが外されていて、ひょっとして… と心配しながら帰ったものだ。それが、じつは定期検査前だった、とあとから知ってホッとした。

1070型の従輪はφ940。当時大量に使われていた「B6」系がφ940〜965だったから、ほぼそれと等しい。φ760の先輪に較べてひと回り大きく、いささか重い感じの炭庫部分をしっかりと受け止めている印象だ。

構造的にも「B6」が参考にされているそうで、単に横動するだけではなく、心向棒によって角度も変化する。

思い返してみれば動いている時、動いていない時、ずいぶんの回数 羽鶴を訪問したものだ。最初の時こそ葛生駅から1時間近く掛けて歩いたものだが、クルマを手に入れてからというもの、葛生周辺の専用線訪問の折などはいうまでもなく、たとえば会津方面への行き帰り、足尾線の帰り道などにしばしば様子を伺いに立ち寄った。それだけ気になる存在だった、ということだ。

晩年、日鉄鉱業の専用線自体が廃線になった時など、一時消息不明に近い状態になっていたりしたが、きっと無くなりはしない、という妙な確信があった。それでも「梅小路蒸気機関車館」入りが報じられた時はひと安心といった感覚だったことを思い出す。改造機とはいえ、明治の機関車の面影を残す文化財的な貴重な存在にちがいないものだ。

あとがきに代えて

　磐越東線、それはわれわれにとって身近かな本格的撮影の対象、というような存在であった。なにしろ全国でも数少なくなったD60型が働いている、それも旅客列車を牽いていたりするのだから、魅力的であった。

　もとより財布の軽い学生の身、夜行列車で郡山或いは平に降り立ち、半日を撮影に打ち興じて、夜には帰ってくる。土曜日の夜出発して、日曜に帰り、また月曜からは学校に通う、などということを平気でしていた。若いこと、好きなことは大きなエネルギイを生んでくれた、といまさらに感心してしまう。

　われわれの世代にとって、C51型機関車というのがひとつの「見果てぬ夢」のようになっている。まあ、それは順繰りで蒸気機関車の最後の活躍に出遇えて、最終期にはクルマという武器を得て、それこそ全国を走り回れたのだから。幸せな世代というほかはあるまい。

蒸気機関車の最後の晴れ姿、特急「ゆうづる」牽引機、C6224。

　話を戻して、だからC51型と好一対というべき、D50型、D60型には少なからぬ興味を持っていた、ということになろう。とはいえ、D50型はすでに北と南に数えるほどだったし、それを改造したD60型にしても使用線区は限られていた。

　そのなかでも磐越東線は比較的近く、夜行日帰りが可能、という点が嬉しいところだった。

＊　　　　　＊　　　　　＊

　しかし、平まで行って磐越東線にいく、というのはいささか勇気の要ることであった。というのも、最後の蒸機牽引特急「ゆうづる」が話題で、最後のC62の活躍をさておいて磐越東線に入るというのは、当時の多くの汽車好きからは考えられないことであった。

　最初、平に行きたいところ、わざわざ磐越東線経由で遠回りして平に行ったのも、まだ「ゆうづる」誕生直前だったから、そんな気になったのだろう。期間限定、2年後には電化完成で消滅する運命にあった。そんな切羽詰まった気持ちもあって、しばらくは磐越東線に行く余裕はなかった。

＊　　　　　＊　　　　　＊

　話は変わる。「私鉄専用線の機関車」というのは、ちょっとしたタイムマシーンのようであった。もう見ることなどできる筈がない、と思っていた古典機関車が、私鉄や専用線に払下げられ、だいじに使われて残っていたりしたのだ。

　われわれの年代では、私鉄や専用線でももはや新しいディーゼル機関車などに取って代わられ、機関庫やヤードの片隅で放置されている、といったものが多かった。それでも、その姿形が見られるだけで大きな満足が得られた。図鑑などで見るだけの「B6」や「Eタンク機」が残っていたのだから。

関東鉄道鉾田線の起点、石岡の車庫脇でその姿をとどめていた4号機。のちに保存された時、国鉄時代のナンバーである1412のプレート付になったものだ。

そうした機関車をリストアップして、順に訪ねて行こう、ということをひとつのテーマのように実行していた。もう国鉄線上では遥かむかしに消えていた機関車が国鉄時代のナンバープレートがついていたりすると、いっそうわれわれの「評価」は高かった。時間が取り戻せた気になって嬉しかったのだ。

たとえば私鉄に払下げられ「4」などのナンバーになっていたのが、保存されることになって「1412」という国鉄時代のナンバーのプレートに戻されたりしているのも、ある意味歓迎すべきことだろう。

（もと独クラウス社製1400型1412号機が払下げられ関東鉄道鉾田線4号機となっていた。それが栃木県壬生町のトミーテック本社で保存の際、もとの国鉄時代のナンバーに戻されたときの話である：上の写真）

　　　　＊　　　　　＊　　　　　＊

そういうことからすると、1070型1080はまさしく国鉄時代そのまま、といっていい風貌に迷うことなく「Aクラス」の古典機という称号が与えられたのであった。

先の1412の話をすれば「4」のナンバープレートを付け、動かない状態で機関庫の脇に放置されているのでも遭遇できただけで充分に嬉しくなっていた。それが、1080はじっさいに走るシーンにまで出遇えたのだから、まさしく時空を超えた幸運であった、というほかはない。

機関車を温かく見守ってくれた当時の現場の方々の努力、価値観など、いま思えば奇跡に近いことだったようにも思う。

いま残っていてくれたら… と思うような機関車がいくつもある。保存運転ももっともっと活発になればいいのに、と願ったりする。蒸気機関車という、ひとつの時代を担い、陸の王者というような存在であったものほ、当時に近い形で残されるべきではないだろうか、とつくづく思う。単に汽車好きの趣味という以上の文化の所在、というものなのだから。

2024年早春に
いのうえ・こーいち

いのうえ・こーいち　著作制作図書

● 『世界の狭軌鉄道』いまも見られる蒸気機関車　全6巻　2018〜2019年　メディアパル
　1、ダージリン：インドの「世界遺産」の鉄道、いまも蒸気機関車の走る鉄道として有名。
　2、ウェールズ：もと南アフリカのガーラットが走る魅力の鉄道。フェスティニオク鉄道も収録。
　3、パフィング・ビリイ：オーストラリアの人気鉄道。アメリカン・スタイルのタンク機が活躍。
　4、成田と丸瀬布：いまも残る保存鉄道をはじめ日本の軽便鉄道、蒸気機関車の終焉の記録。
　5、モーリイ鉄道：現存するドイツ11の蒸気鉄道をくまなく紹介。600mmのコッペルが素敵。
　6、ロムニイ、ハイス＆ダイムチャーチ鉄道：英国を走る人気の381mm軌間の蒸機鉄道。

● 『C56 Mogul』　C56の活躍した各路線の記録、また日本に残ったうちの40輌の写真など全記録。

● 『小海線のC56』　高原のローカル線として人気だった小海線のC56をあますところなく紹介。

● 『井笠鉄道』　岡山県にあった軽便鉄道の記録。最期の日のコッペル蒸機の貴重なシーンも。

● 『頸城鉄道』　独特の車輌群で知られる新潟県の軽便鉄道。のちに2号蒸機が復活した姿も訪ねる。

● 『下津井電鉄』　ガソリンカー改造電車が走っていた電化軽便の全貌。瀬戸大橋のむかしのルート。

● 『尾小屋鉄道』最後まで残っていた非電化軽便の記録。蒸気機関車5号機の特別運転も収録する。

● 『糸魚川＋基隆』　鉄道好きの楽園と称された糸魚川東洋活性白土専用線と台湾基隆の2'蒸機の活躍。

● 『草軽電鉄＋栃尾電鉄』永遠の憧れの軽便、草軽と車輌の面白さで人気だった栃尾の懐かしい記録。

● 季刊『自動車趣味人』3、6、9、12月に刊行する自動車好きのための季刊誌。肩の凝らない内容。

著者プロフィール
　いのうえ・こーいち　（Koichi-INOUYE）
岡山県生まれ、東京育ち。幼少の頃よりのりものに大きな興味を持ち、鉄道は趣味として楽しみつつ、クルマ雑誌、書籍の制作を中心に執筆活動、撮影活動をつづける。近年は鉄道関係の著作も多く、月刊「鉄道模型趣味」誌に連載中。主な著作に「C62 2 final」、「D51 Mikado」、「世界の狭軌鉄道」全6巻、「図説電気機関車全史」（以上メディアパル）、「図説蒸気機関車全史」（JTBパブリッシング）、「名車を生む力」（二玄社）、「ぼくの好きな時代、ぼくの好きなクルマたち」「C62／団塊の蒸気機関車」（エイ出版）、「フェラーリ、macchina della quadro」（ソニー・マガジンズ）など多数。また、週刊「C62をつくる」「D51をつくる」（デアゴスティーニ）の制作、「世界の名車」、「ハーレーダビッドソン完全大図鑑」（講談社）の翻訳も手がける。季刊「自動車趣味人」主宰。（株）いのうえ事務所、日本写真家協会会員。
連絡先：mail@tt-9.com

磐越東線のD60、日鉄羽鶴1080　鉄道趣味人12

発行日　　2024年4月20日
　　　　　　初版第1刷発行

著者兼発行人　いのうえ・こーいち
発行所　　株式会社こー企画／いのうえ事務所
　　　　　〒158-0098　東京都世田谷区上用賀3-18-16
　　　　　　PHONE 03-3420-0513
　　　　　　FAX　　03-3420-0667

発売所　株式会社メディアパル（共同出版者・流通責任者）
　　　　　〒162-8710　東京都新宿区東五軒町6-24
　　　　　　PHONE 03-5261-1171
　　　　　　FAX　　03-3235-4645

印刷　製本　株式会社JOETSUデジタルコミュニケーションズ

© Koichi-Inouye 2024

ISBN 978-4-8021-3453-8　C0065
2024 Printed in Japan

著者近影　　撮影：イノウエアキコ